Bibliografische Information der Deutschen Bibliothek
Die Deutsche Bibliothek verzeichnet diese Publikation
in der Deutschen Nationalbibliografie; detaillierte bibliografische Daten
sind im Internet über http://dnb.ddb.de abrufbar.

Redaktionelle Leitung: Christina Braun, Livia Reidt
Redaktion: Karin Baege
Text: Manfred Schwarz
Illustration: Marion Meister
Herstellung: Cornelia Huber
Layout: Horst Bachmann
Umschlaggestaltung: Mischa Acker
Umschlagabbildungen: John Deere Deutschland, Bruchsal: Traktor
picture-alliance/Newscom, Frankfurt am Main: Autorennen
Satz: tiff.any GmbH, Berlin
Printed in Malaysia

ISBN 978-3-7653-3441-2

DER KINDER BROCKHAUS

Mein erstes Lexikon der Fahrzeuge

F. A. Brockhaus
Leipzig · Mannheim

Baustelle
Straße

Inhalt

Hallo, ich bin Rocko, das Krokodil. Auf dieser Seite siehst du die Fahrzeuge, die du im Buch wiederfindest. Vor jedem Kapitel gibt es spannende Bilderrätsel und ganz hinten zeigt dir eine Seite, wie groß und wie schwer manche Fahrzeuge sind. Viel Spaß!

Schau genau!

1 Welches Rad passt zu welchem Fahrzeug?

a)

b)

c)

2 Finde heraus, welches Fahrzeug diese Scheinwerfer hat.

3 Worauf sitzen diese beiden Fahrer?

a)

b)

Auf der Straße

Überall auf der Welt fahren Menschen mit Autos, Fahrrädern, Motorrädern oder Bussen über die Straßen. Gleichzeitig werden sehr viele Waren in Lastwagen transportiert. So können wir in den Geschäften alles Mögliche kaufen, wie zum Beispiel Obst, Gemüse oder Kleidung. Alles, was wir nicht brauchen, holt der Müllwagen ab.

Das Fahrrad

Fahrradfahren macht Spaß, denn mit dem Fahrrad geht es viel schneller als zu Fuß. Du musst dazu nur das Gleichgewicht halten können und kräftig in die Pedale treten. Früher sahen Fahrräder ganz anders aus. Sie waren aus Holz gebaut und hatten Räder aus Eisen, nicht aus Gummi.

Trekkingräder sind für längere Radtouren gut geeignet.

Viele unterschiedliche Typen

Trekkingräder sind ideal für Radtouren, denn man kann gut Gepäck transportieren: auf dem Gepäckträger, am Vorderrad und auch am Lenker. Sportler fahren gerne mit Mountainbikes über Stock und Stein. Rennräder sind sehr leicht und haben schmale Reifen. Rennräder und Mountainbikes sind nicht für die Straße gebaut, da sie ohne Licht ausgestattet sind.

Rennrad

Gänge: bis zu 30 (Profis fahren mit 20)

Reifengröße: bis 71 cm

Gewicht: 6 bis 11 kg

Material des Rahmens: Stahl, Aluminium, Carbon oder Titan

Besonderheiten: Bald soll es Rennräder mit bis zu 66 Gängen geben.

Technik

Fast alle modernen Fahrräder sind mit vielen technische Extras ausgestattet. Sie haben eine Gangschaltung, sind am Sattel und am Lenker gefedert, haben ein helles Licht und starke Bremsen. Immer wichtiger werden auch moderne Materialien für den Rahmen, damit die Fahrräder leichter werden. Dazu zählt das Metall Aluminium.

Fahrräder für den Beruf

Einige Menschen brauchen das Fahrrad auch für ihren Beruf! So bringen Postboten die Briefe oft mit dem Fahrrad zu uns ans Haus. In Großstädten sausen Fahrradkuriere durch die Straßen. Sie haben besonders eilige Sendungen im Gepäck. Manchmal radeln Polizisten durch Parks und Fußgängerzonen, weil sie in den Innenstädten mit dem Fahrrad oft viel schneller sind als mit dem Auto.

Das Auto

Das Auto fährt im Unterschied zum Fahrrad ganz von allein, es bewegt sich aus eigener Kraft durch seinen Motor. Es gibt Diesel- und Benzinmotoren. Mit Autos können Menschen und Lasten befördert werden. Man nennt das Auto auch Pkw, das ist die Abkürzung von „Personenkraftwagen".

Corsa

Leistung: 60 – 125 PS

Höchstgeschwindigkeit:
rund 170 km/h
Von 0 auf 100 in etwa 14 Sek.

Besonderheiten:
Einige Autos fahren nicht mit Benzin oder Diesel, sondern mit Pflanzenöl oder Gas.

PS heißt Pferdestärke

Wie stark ein Motor ist, erkennt man an seiner PS-Zahl. Vor 100 Jahren gab es noch sehr wenige Autos, aber viele Pferdekutschen. Um Motoren mit Pferden vergleichen zu können, wurde die PS-Zahl erfunden. Ein Auto mit einem 1-PS-Motor ist genauso stark wie eine Kutsche mit einem Pferd.

Gottlieb Daimler sitzt 1886 in einem der ersten Automobile.

Eine geniale Erfindung

Früher konnten Personen nur in Kutschen oder in der Eisenbahn bequem reisen. Bei der Erfindung des Autos mit Benzinmotor waren Kutschen die Vorbilder. Das Auto wurde 1886 in Deutschland von Carl Benz und Gottlieb Daimler erfunden. Daraus haben sich ganz verschiedene Formen von Autos entwickelt. Um ein Auto steuern zu dürfen, brauchen Erwachsene einen Führerschein.

Unterschiedliche Autos

Häufig sieht man geschlossene Kompaktwagen oder Limousinen. Beim Kombi ist der Kofferraum im selben Raum, in dem auch der Fahrer und seine Mitfahrer sitzen. Eine Großraumlimousine hat sieben oder mehr Sitze und wird vor allem von Familien genutzt. Beliebt sind Sportwagen und Cabrios mit einem Verdeck zum Öffnen.

GG UN 745

Das Motorrad

Ein Motorrad hat wie das Fahrrad zwei Räder und heißt deshalb auch Zweirad. Im Unterschied zum Fahrrad hat das Motorrad – wie sein Name schon sagt – einen Motor. Mit einem Motorrad lässt es sich besser durch enge Straßen fahren als mit einem Auto.

KX 450F

Leistung: 56 PS
Länge: 2,2 m
Breite: 82 cm
Gewicht: 99,8 kg
Sitzhöhe: 96,5 cm
Tank: 7,2 l
Getriebe: 4 Gänge

Mit dem Motorrad auf Reisen

Es gibt viele verschiedene Motorräder. Ein Tourer ist eine Straßenmaschine. Damit können auch längere Motorradreisen unternommen werden, weil der Fahrer auf diesem Motorrad bequem sitzen kann. Außerdem ist das Motorrad rundherum gut verkleidet, damit der Fahrer weniger Fahrtwind aushalten muss.

Im Gelände

Eine Geländemaschine kann sowohl auf Straßen fahren als auch über Stock und Stein. Sie fährt zwar nicht sehr schnell, hat aber viel Kraft, um auch steilere Berge hochfahren zu können. Außerdem haben ihre Reifen ein sehr grobes Profil, um besseren Halt auf rutschigem Boden zu geben.

Spritztour mit einer Straßenmaschine

Kleine Motorräder

Es gibt auch andere Zweiräder mit Motor, zum Beispiel Mofas, die Jugendliche schon mit 15 Jahren fahren dürfen. Mofa ist die Abkürzung für „Motorfahrrad“. Motorroller sind kleine Zweiräder mit einem Gehäuse und manchmal auch mit einer Scheibe am Lenker. Damit schützen sie den Fahrer vor Wind und Wetter.

Der Bus

Ein Bus kann sehr viele Menschen gleichzeitig befördern. Im Ausland sitzen die Fahrgäste sogar manchmal auf dem Dach! Stadtbusse fahren in der Stadt von einer Bushaltestelle zur nächsten. Wer aussteigen will, muss einen Knopf drücken, damit der Fahrer hält.

Beim Busfahrer kann man oft auch Fahrkarten kaufen.

Linienbus

Stadtbusse bringen Kinder zur Schule, Erwachsene zur Arbeit oder in die Innenstadt zum Einkaufen. Ein Busfahrer sitzt vorne und fährt. Nicht jeder Erwachsene darf Busse lenken, man braucht nämlich einen besonderen Führerschein dafür.

Lion´s City

Leistung: rund 280 PS

Höchstgeschwindigkeit: rund 90 km/h

Plätze: rund 100 (44 Sitzplätze, 56 Stehplätze)

Besonderheiten: Bei neuen Bussen kann man ohne Stufen ein- und aussteigen.

Der Doppeldeckerbus

Ein Doppeldeckerbus ist ein Omnibus mit zwei Etagen. Das ist ideal für Stadtbesichtigungen. Manche Doppeldeckerbusse haben sogar eine offene obere Etage. In London, der Hauptstadt von England, fahren solche Busse als normale Linienbusse!

Von oben hat man einen tollen Überblick.

Der Reisebus

Reisebusse werden für längere Fahrten genutzt. Sie haben eine Toilette an Bord. Die meisten Reisebusse sind auch mit Fernseher, Klimaanlage und DVD-Player ausgestattet. Moderne Reisebusse haben manchmal mehr als 500 PS – stell dir eine Kutsche vor, die von 500 Pferden gezogen wird! Das ist stark, oder nicht?

SZ-Lebenstedt,
A.-Schweitzer-Str./ZOB
KVG
1014
MAN
SZ JN 567

Der Lastkraft-wagen

Mit Lastkraftwagen, auch Lkws genannt, können schwere Dinge oder große Mengen von einem Ort zum anderen gefahren werden. Manche Lkws sind tagelang unterwegs, weil sie weite Strecken zurücklegen.

Lkws und Sattelzüge

Die Ladung kommt in den Laderaum oder auf eine offene Ladefläche. Manchmal wird auch ein Container beladen. Container sind riesige Kästen, die auf den Lkw passen. Lange Lasten wie zum Beispiel Rohre werden mit Sattelzügen befördert. Sie bestehen aus dem Sattelschlepper, das ist der vordere Teil mit Führerhaus und Motor, und einem langen Anhänger.

TGM 12.280

Größe: bis 18,75 m lang, 4,0 m hoch und 2,55 m breit

Leistung: rund 280 PS

Ladung: 15 t

Gesamtgewicht: bis zu 30 t

Besonderheiten: Moderne Lkws haben manchmal mehr als 680 PS.

Lange unterwegs

Viele Lkws fahren sehr weite Strecken, einige oft mehrere Tausend Kilometer. So werden zum Beispiel getrocknete Weintrauben von der Türkei nach Hamburg gebracht. Viele Lebensmittel in unseren Supermärkten stammen aus allen Teilen der Welt.

Das eigene Bett mit dabei

Ein Fahrer darf weite Strecken nicht in einem Rutsch fahren. Damit er nachts schlafen oder zwischendurch ausruhen kann, hat er immer sein eigenes Bett dabei. Es ist im Fahrerhaus hinter den Sitzen. Stell dir vor, in Lkws gibt es auch noch einen Kühlschrank, einen Kochherd und manchmal sogar einen Fernseher!

Im Fahrerhaus ist auch noch Platz für ein Bett.

Rötzer
MAN
L
S
Rötzer Spedition

Der Müllwagen

Hausmüll wird in die Mülltonne geworfen. Alle zwei bis drei Wochen wird sie geleert. Das erledigt die Müllabfuhr mit ihren Müllwagen. Sie fahren durch jede Straße und nehmen den Müll mit. Fast alle Müllwagen sind orangefarben, haben Blinkleuchten auf dem Dach und hinten eine Plattform.

Von der Tonne in den Wagen

Die Müllwerker rollen die Tonnen auf die Plattform hinten am Fahrzeug. Du hörst, wie es im „Bauch" des Fahrzeugs laut rumpelt. Das kommt von einer großen Presse, die im Inneren den Müll zusammendrückt, damit möglichst viel hineinpasst.

Müll wird in ein Heizkraftwerk gebracht.

Da kommt der Müll hin

Ist der Müllwagen mit Müll gefüllt, fährt er zu einem Müllheizkraftwerk. Hier wird der Müll über eine Klappe am Wagen herausgekippt. Im Kraftwerk wird der Müll so verbrannt, dass er uns Wärme für die Heizung liefert.

So funktioniert es

Hinten am Müllauto gibt es einen Aufbau auf dem Fahrgestell. Der Müllwerker hängt die Tonne in diese Vorrichtung. Dann bedient er einen Hebel und die Tonne wird nach oben und nach vorne gekippt. So rutscht der ganze Inhalt in den Wagen. In einen Müllwagen passen mehrere Kubikmeter (abgekürzt: m^3) Müll. Ein Kubikmeter ist etwa so viel, wie in sieben Badewannen hineinpasst. Im Müllwagen ist also sehr viel Platz!

TGL 12.240

Fassungsvermögen: etwa 16 m^3

Pressung: etwa auf ein Sechstel der ursprünglichen Menge

Aussehen: ein Lkw mit einem besonderen Aufbau auf dem Fahrgestell

Besonderheiten: Der Fahrer sitzt manchmal rechts, um das Greifen der Tonnen besser steuern zu können.

ZOELLER
TGL 12.240
MAN
M 060427

Schau genau!

1 Wo findest du diese Blaulichter wieder?

a)

b)

c)

2 Wer hilft hier beim Löschen?

3 Erkennst du, was das ist?

4 Zu welchem Fahrzeug gehört diese Tür?

Rettung

Wann immer das Martinshorn ertönt, sind Helfer mit ihren Fahrzeugen im Einsatz. Polizei, Feuerwehr oder Rettungswagen haben immer Vorfahrt, weil sie Menschen in Not helfen. Manchmal sieht ein Unfall schlimmer aus als er ist. Zum Glück ist bei diesem Unfall niemandem etwas passiert.

Das Polizeifahrzeug

Wenn du in Deutschland die Telefonnummer 110 wählst, erreichst du die Einsatzzentrale der Polizei. Sie möchte wissen, was passiert ist, und schickt dann sofort einen Streifenwagen los.

5er Touring

Grundausstattung: Serienfahrzeuge

Leistung: bis zu 306 PS

Sonderaustattung: Funk, Außenlautsprecher und Anhaltesignalgeber

Mit an Bord: Feuerlöscher und Maschinenpistole

Besonderheiten: Auf Autobahnen sind auch schnelle Sportwagen im Einsatz.

Die Signalfarben

Streifenwagen der Polizei sind schon von Weitem an ihren Farben zu erkennen. Sie sind entweder auffällig silber-grün oder silber-blau lackiert und mit der Schrift „Polizei" versehen. Auch Motorräder oder Unfallsicherungskraftwagen der Polizei sind sehr leicht zu erkennen.

Platz da!

Im Einsatz haben es Polizeifahrzeuge oft sehr eilig. Deshalb sind sie mit Martinshorn und blinkendem Blaulicht ausgerüstet. Wenn das Horn tutet und das Blaulicht blinkt, müssen andere Verkehrsteilnehmer der Polizei freie Bahn machen. Sie fahren langsam an den Straßenrand und warten, bis das Polizeifahrzeug vorbeigefahren ist.

Die Polizei warnt auch vor Staus auf der Autobahn.

Perfekt getarnt

Manche Polizeifahrzeuge sehen aber auch wie normale Autos aus. Sie sind getarnt und gehören zum Beispiel zur Kriminalpolizei, die Verbrecher jagt. Diese sollen nicht merken, dass sie von der Polizei beobachtet werden. Aber auch diese Fahrzeuge haben Martinshorn und Blaulicht immer mit dabei, wenn sie schnell fahren müssen.

POLIZEI
POLIZEI
BG 15-89

Das Feuerwehr-fahrzeug

Wenn es brennt, muss sofort die Feuerwehr angerufen werden. In Deutschland erreicht man sie unter der Telefonnummer 112. Die Feuerwehr ist nach etwa einer Minute schon in den Fahrzeugen, um zum Brand zu fahren.

Schnell, schnell!

Feuerwehrautos kann man sofort an ihrer Farbe erkennen. Sie sind meistens knallrot lackiert. Wenn sie zu einem Einsatz fahren, sind das Martinshorn und das Blaulicht eingeschaltet. Alle anderen Verkehrsteilnehmer machen der Feuerwehr Platz. Weil es Feuerwehrfahrzeuge so eilig haben, dürfen sie, wie Polizeifahrzeuge oder Krankenwagen, sogar vorsichtig über rote Ampeln fahren!

Tanklöschfahrzeuge

Tanklöschfahrzeuge sind besondere Feuerwehrautos. Sie können große Mengen Wasser transportieren. Mit einer Pumpe wird das Wasser auf das Feuer gespritzt. Tanklöschfahrzeuge sind zum Beispiel bei Autounfällen oder Waldbränden wichtig. Hier muss das Wasser mitgebracht werden, denn nur in Städten gibt es Hydranten, an die die Schläuche angeschlossen werden können.

Die Feuerwehr räumt auch Bäume von den Straßen.

Einsatzgeräte

Ein Feuerwehrfahrzeug ist vielseitig ausgestattet: Mit Schläuchen, Absperrbändern, Warndreiecken, Funkgeräten, Warnleuchten, Feuerlöschern für kleinere Brände und vielen verschiedenen Werkzeugen wie zum Beispiel Rettungsscheren und Äxten. Mit einer Rettungsschere können Menschen befreit werden, die nach einem Unfall im Auto eingeklemmt sind.

TGM 13.280

Leistung: bis 280 PS

Besatzung: 2 Mann

Löschwasser: bis 4000 l

Löschschaum: bis zu 500 l

Besonderheiten:
Allradantrieb und bis zu zwölf Gänge

FEUERWEHR
MAN
rosenbauer AT
M AN 6708

Das Drehleiter-fahrzeug

Wenn ein Hochhaus brennt, muss die Feuerwehr auch die höheren Stockwerke erreichen können. Mit einer Drehleiter gelangt sie von außen ins Haus und rettet als Erstes Menschen.

DLK 23-12 nB CC

Gewicht: 14 t

Rettungshöhe: bis 30 m

Ausladung: bis 15 m

Drehmöglichkeit:
360 Grad (voller Kreis)

Besonderheiten:
Ein besonders langer, glatter Löschschlauch, der sich nicht in den Leitersprossen verhakt.

Die Leiter

Oft gerät das Dach eines Hauses in Brand. Dann muss von oben gelöscht werden. Dafür wird die Drehleiter benötigt. Eine Leiter besteht immer aus mehreren ineinanderliegenden Teilen. Sie werden mit einem Motor ausgefahren und können in alle Richtungen gedreht werden.

Brennende Dächer werden von der Drehleiter aus gelöscht.

Der rettende Korb

Heute haben Drehleitern meist einen Korb. Der ist am oberen Ende angebracht. Damit werden Menschen und auch Tiere aus größerer Höhe gerettet. Wenn die Drehleiter nach unten gefahren ist, können die Geretteten aus dem Korb aussteigen. Der Feuerwehrmann im Korb darf aber keine Angst vor der Höhe haben!

Sicherheit und guter Stand

Die meisten Drehleitern werden von unten gesteuert. Ein Feuerwehrmann lenkt die Leiter genau zum Ziel. Manchmal kann die Leiter auch direkt vom Korb aus gesteuert werden. Das Feuerwehrauto muss bei ausgefahrener Leiter natürlich sehr sicher stehen. Deshalb werden vor dem Einsatz zusätzliche Stützen ausgefahren.

FEUERWEHR
Freiwillige Feuerwehr
Stadt Friedberg
112
30/1
CORRA ORRADO

Der Einsatz-leitwagen

Bei einem großen Einsatz rückt die Feuerwehr mit einem Löschzug aus. Das sind mehrere Feuerwehrfahrzeuge, die in einer bestimmten Reihenfolge fahren. Vorne fährt der Einsatzleitwagen.

814

Leistung: 136 PS Diesel

Basis: Fahrgestell eines Serien-Lkw

Ladesystem: Gerätekoffer, Gitterboxen und Rollcontainer

Besatzung: 3 Mann

Besonderheiten: Allradantrieb, Besprechungsraum, Funkraum, Telefon- und Computeranlage

Der Löschzug

Hinter dem Einsatzleitwagen fährt das Löschgruppenfahrzeug mit bis zu neun Feuerwehrmännern an Bord, gefolgt von dem Tanklöschfahrzeug, in dem sechs Feuerwehrleute sitzen. Ganz hinten fährt das Drehleiterfahrzeug mit drei Personen Besatzung. Nicht immer sind es genau diese Feuerwehrautos, die im Löschzug mitfahren. Manchmal werden mehr Fahrzeuge eingesetzt, zum Beispiel, wenn die Feuerwehr zu einem Großbrand ausrückt.

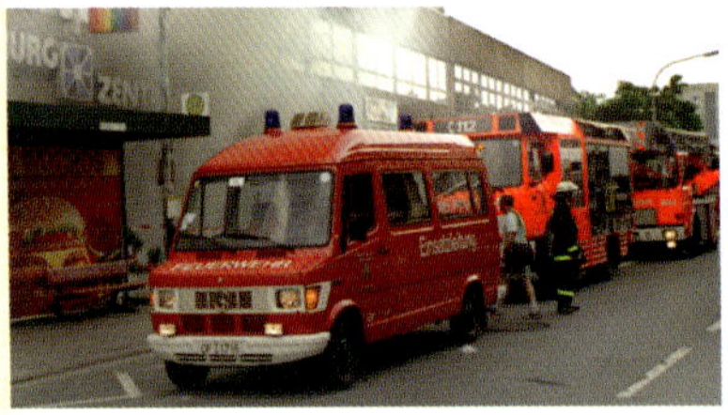

Ein Einsatzleitfahrzeug ist am Brand angekommen.

Der Einsatzleitwagen

Der Leiter des Brandeinsatzes fährt vorne im Einsatzleitwagen und kennt genau den Weg. Von hier aus wird der Löscheinsatz organisiert. Kleine Einsatzleitwagen fahren oft auch voraus, um den Einsatzort zu erkunden. Wenn die anderen Fahrzeuge eintreffen, kann der Einsatzleiter gleich allen Feuerwehrleuten die Lage schildern.

Technische Ausstattung

Einsatzleitwagen sind mit vielen technischen Geräten ausgestattet. Damit tauschen sich die Einsatzleiter mit Menschen am Einsatzort, der Feuerwache und anderen Feuerwehrleuten aus. Dazu brauchen sie zum Beispiel Funkgeräte, Computer, Telefone, Telefax oder auch einen Internetanschluss.

WETTERAUKREIS
FF ECHZELL
EINSATZLEITUNG
112
Feuerwehr
Echzell
Wetteraukreis
FEUERWEHR
814
Katastrophenschut
Land Hesse
ELW
WI 5428

Der Rettungswagen

Bei einem Unfall muss den Verletzten schnell geholfen werden. Deshalb sollte man sofort den Rettungswagen rufen. Die Rettungssanitäter versorgen die Verletzten und fahren sie ins Krankenhaus.

316 CDi

Basis: Fahrgestell eines Lieferwagens

Gesamtgewicht: bis 4,6 t

Motorleistung: 156 PS

Höchstgeschwindigkeit: 140 km/h

Besonderheiten: Der hintere Aufbau ist immer Spezialanfertigung.

Rettungswache

Was passiert, wenn die Nummer 112 gewählt wird? Der Anruf landet in einer Rettungswache. Von hier werden die Einsätze gelenkt. Jetzt muss der Anrufer seinen Namen sagen und erklären, wo die Einsatzstelle liegt und was passiert ist. Dann wird der Rettungswagen sofort losgeschickt.

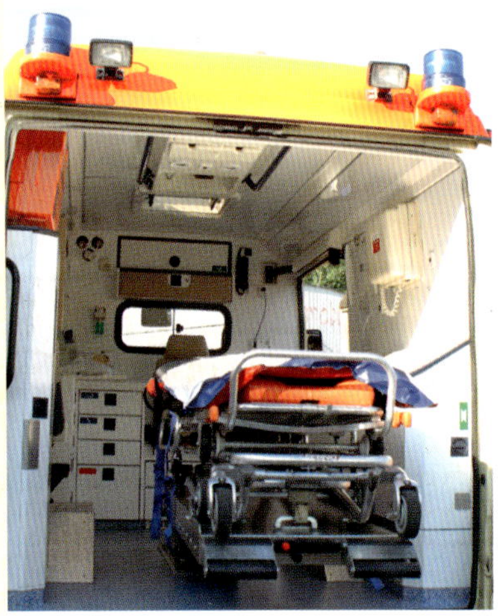

Untersuchen

Die Sanitäter an Bord des Rettungswagens untersuchen zuerst den Verletzten. Dann entscheiden sie, was als Nächstes zu tun ist. Für die Untersuchungen haben sie viele Instrumente im Wagen dabei. Dazu zählen zum Beispiel Stethoskop, Blutdruckmessgerät, Beatmungsgerät, viele Medikamente und Notfallkoffer.

Im Rettungswagen werden Verletzte untersucht und behandelt.

Behandeln

Wenn sich der Verletzte zum Beispiel ein Bein gebrochen hat, können die Sanitäter es schon vor Ort in eine Schiene legen. Damit wird das Bein ruhiggestellt. Auf einer Trage wird der Verletzte zum Rettungswagen gebracht. Und dann geht es schnell mit Martinshorn und Blaulicht in ein nahe gelegenes Krankenhaus.

DIE JOHANNITER
RETTUNGSDIENST
DIE JOHANNITER
112
RETTUNGSDIENST
REGIONALVERBAND WETTERAU/HOCHTAUNUS
81 84
DIE JOHANNITER
FB JH 767

Das Notarzt-einsatzfahrzeug

Bei einem schweren Unfall muss neben einem Rettungswagen mit Sanitätern auch ein Arzt schnell zum Unfallort kommen, um den Verletzten zu helfen. Man nennt ihn Notarzt.

X5 Touring

Leistung: rund 270 PS

Gewicht:
ca. 2 t (leer)

Höchstgeschwindigkeit:
225 km/h

Ausrüstung: EKG, auch viele Medikamente und Betäubungsmittel

Besonderheiten:
Baby-Notarztwagen sind speziell für den Transport von kranken Babys da.

Zwei Fahrzeuge für den Notarzt

Viele Notärzte fahren mit einem Pkw zum Verletzten. Das ist das Notarzteinsatzfahrzeug. Darin kann kein Patient transportiert werden. Manchmal fährt ein Notarzt auch in einem Notarztwagen zum Unfallort. So heißt ein Rettungswagen, der einen Notarzt an Bord hat.

Die Ausstattung

Wenn der Notarzt im Rettungswagen mitfährt, hat er immer seine Notfallmedizin dabei. Dazu zählt zum Beispiel ein EKG-Gerät, mit dem man das Herz untersuchen kann. Im Notarzteinsatzfahrzeug gibt es viele medizinische Geräte und Medikamente. Wie der Rettungswagen braucht auch der Notarzt für seine Einsätze ein Martinshorn und ein Blaulicht, damit er schnell ans Ziel kommt.

Der Notarztwagen bei einem nächtlichen Einsatz auf der Autobahn

Hilfe aus der Luft

Bei Verkehrsunfällen werden immer wieder auch Rettungshubschrauber eingesetzt. Damit können Verletzte noch schneller in ein Krankenhaus gebracht werden. Die Rettung aus der Luft ist vor allem wichtig, wenn das nächste Krankenhaus sehr weit entfernt liegt.

DIE
JOHANNITER
112
Regionalverband Wetterau/Hochtaunus
FB JH 481

Schau genau!

1 Wer hilft bei der Getreideernte?

2 Welches Fahrzeug kann Baumstämme heben?

3 Wo findest du diesen Bildausschnitt wieder?

4 Wer hat diesen Strohballen gepresst?

5 Weißt du, was dieses Fahrzeug geladen hat?

Auf dem Land

Bauern fahren mit ihren Traktoren zu den Feldern und wieder zurück zum Bauernhof. Der große Mähdrescher brummt langsam über die Felder und erntet das Getreide. Im Wald kannst du den Förster in seinem Geländewagen sehen. Mit diesem Auto kommt er über Stock und Stein.

Der Traktor

Früher halfen Pferde und Ochsen den Bauern auf den Feldern. Heute nutzen Bauern für diese Arbeit einen Traktor. Der Traktor, auch Schlepper oder Trecker genannt, ist das wichtigste Fahrzeug auf dem Bauernhof. Er kann für viele Arbeiten eingesetzt werden.

6020

Motorleistung: bis zu 100 PS

Höchstgeschwindigkeit: bis zu 40 km/h

Leergewicht: 4,6 t

Maximales Gewicht: 7,6 t

Besonderheiten: Nebengeräte können auch über Hydrauliksysteme betrieben werden. Dabei wird die Leistung durch Flüssigkeiten in Schläuchen übertragen.

Das vielseitige Zugfahrzeug

Meist dient der Traktor als Zugfahrzeug. Es gibt verschiedene Anhänger, zum Beispiel Heuladewagen, Pflüge oder Sämaschinen. Oft lassen sich auch landwirtschaftliche Maschinen wie eine Seilwinde an den Traktor anbauen. Sie werden dann vom Motor des Traktors angetrieben.

Die Trauben werden auf den Traktor geladen.

Viele Verwendungszwecke

Große Traktoren helfen den Bauern auf den Feldern beim Säen, Pflügen, Ernten und Bewässern. Kleine Traktoren werden im Wald und in den Bergen eingesetzt. Ganz schmale Traktoren siehst du in Obstplantagen oder in den Weinbergen. Sie sind so schmal, dass sie problemlos zwischen den Weinreben hindurch fahren können.

Alleskönner

Alle Traktoren müssen auch gut auf matschigen Feldern und holprigen Wegen fahren können. Dafür haben sie starke Motoren, große Reifen mit grobstolligem Profil und Allradantrieb. Bei allradbetriebenen Fahrzeugen werden alle vier Räder vom Motor angetrieben, deswegen kommen Traktoren sogar steile Berge mühelos hinauf. Moderne Traktoren können bis zu 80 Stundenkilometer schnell fahren.

Der Mähdrescher

Zum Brotbacken braucht man Mehl, das aus Getreide gewonnen wird. Auf den Feldern sammelt der Mähdrescher die Getreidekörner, die später in einer Mühle zu Mehl gemahlen werden.

1170

Motorleistung:
bis zu 180 PS

Arbeitsbreite: 10,5 m für Getreide und 12 m für Mais

Kraftstofftank: 470 l

Korntank: 6 000 l

Besonderheiten:
Ein Gebläse hilft, das Korn im Tank zu trocknen.

Das Mähen

Der Mähdrescher erledigt mehrere Arbeitsschritte auf einmal. Das vordere Schneidewerk zieht die oberen Teile der Pflanzenstängel, das sind die Ähren, vorsichtig durch einen schmalen Spalt. Ein Messerwerk mäht dann das Getreide ab. Es wird in die Dreschtrommel weitergeleitet.

Dreschen und sieben

In der Dreschtommel wird das Korn aus den Ähren geschlagen. Übrig bleiben das Stroh, das sind die Halme, und die Spreu, so werden die Hülsen genannt. Das Stroh wird geschüttelt, damit die letzten Körner herausfallen, und dann mit der Spreu aussortiert. Das gedroschene Getreide wird gesiebt, und die sauberen Körner fahren mit einem kleinen Aufzug nach oben zum Korntank.

Dieser Mähdrescher pumpt das Getreide in einen Kipper.

Das Sammeln

Der riesige Korntank des Mähdreschers ist im oberen Bereich des Fahrzeugs. Hier wird das Korn während der Ernte gelagert. Bei manchen Mähdreschern wird es aber auch über das ausklappbare Abtankrohr auf einen Anhänger geladen.

1170

Der Geländewagen

In den Städten sind die Straßen sehr gut ausgebaut und können mit normalen Autos befahren werden. Im Gebirge oder auf matschigen Waldwegen kommt man am besten mit einem Geländewagen voran.

Hilfstransport und Safari

In Afrika kommen viele Helfer aus der ganzen Welt nur mit Geländewagen in Dörfer, um dort die Menschen mit Essen, Trinken und Medizin zu versorgen. Aber auch Touristen sind in Afrika oft in Geländewagen unterwegs, sie unternehmen sogenannte Safaris. Sie fahren in die Wildnis, um dort vom Auto aus wilde Tiere zu beobachten und zu fotografieren.

Geländewagen können sogar flache Flüsse durchqueren!

Robust und stark

Geländewagen werden zum Beispiel von Jägern und Förstern genutzt. Sie haben große Räder, ein grobes Reifenprofil und einen starken Allradantrieb. Beim Allradgetriebe wird die Kraft des Motors auf alle vier Räder gleichzeitig übertragen. Alle Geländewagen haben auch eine hohe Bodenfreiheit. Die ist wichtig, um nicht an Steinen oder bei der Durchfahrt eines Flusses hängen zu bleiben.

Der Unimog

Ein Unimog ist ein starker und vielseitiger Kleinlastwagen mit Allradantrieb und eine besondere Form des Geländewagens. Unimog ist die Abkürzung für das lange Wort „Universal-Motor-Gerät“. Er kann selbst extreme Steigungen meistern. Hinter der Fahrerkabine gibt es beim Unimog eine Transportfläche. Hier ist viel Platz für Geräte und Lasten.

Defender

Leistung: 120 bis 190 PS

Höchstgeschwindigkeit: 180 km/h

Wattiefe: bis 70 cm

Leergewicht: ca. 2,4 t

Zuladung: bis 700 kg

Besonderheiten: Der Defender kann durch 1 m tiefes Wasser fahren.

UN
UN

Das Greifarm-fahrzeug

Bagger, Unimogs oder Traktoren sind sehr vielseitig. Sie können nicht nur schaufeln oder säen, mit ihnen können auch schwere Dinge angehoben werden. Dazu ist ein starker Greifarm wichtig.

6620 mit Zange

Max. Öffnung der Zange: 1,45 m

Kleinster greifbarer Stamm: 60 mm Durchmesser

Hubhöhe: max. 3,9 m

Basisfahrzeug: Traktor

Maximale Reichweite mit Greifarm: 4 m

Der Greifarm

Oft braucht man Fahrzeuge, die mit ihren Werkzeugen und Anbauten auch Stellen erreichen, die nur schwer zugänglich sind. Deshalb baut man an diese Fahrzeuge starke, bewegliche Arme. Die Greifarme können schwere Dinge greifen und auf einen Lastwagen laden. Andere Greifarme haben Werkzeuge wie zum Beispiel scharfe Messer, mit denen geschnitten werden kann.

Ein Greifarm arbeitet wie eine riesige Zange.

Bäume fällen

Vollernter schreiten auf ihren Metallbeinen wie eine Riesenspinne durch den Wald. Das ist gut so, denn wenn sie Räder hätten, würden sie den Boden zerstören. Vollernter werden zum Fällen von Bäumen eingesetzt. Ihr Greifarm ist mit scharfen Zangenmessern und einer Kettensäge ausgestattet. Er greift den Baum und sägt ihn ab. Dann zieht er den Stamm mit Rollen durch die Zangenmesser. Die schneiden die Äste ab.

Bäume pflanzen

Greifarme werden aber auch eingesetzt, um größere Bäume von einem Lastwagen zu ihrer Pflanzstelle zu bringen. Dazu müssen die Greifarme zugleich kräftig und feinfühlig sein. Denn ein Baum ist schwer, aber seine empfindlichen Wurzeln dürfen nicht verletzt werden.

Der Gabelstapler

In einem Vorratslager werden viele Waren aufbewahrt. Ein Obstbauer lagert zum Beispiel große Kisten mit Äpfeln. Schwere Waren können nur mit einem Gabelstapler in einen Lkw oder Anhänger verladen werden.

H 20

Hubleistung: bis 2 t

Hubhöhe: bis 15 m

Höchstgeschwindigkeit: 20 km/h

Besonderheiten: Es gibt Gabelstapler, die können ganze Container mit 42 t Gewicht heben.

Kurze Strecken, langer Arm

Lastkraftwagen (Lkws) legen oft lange Strecken zurück, um Waren zu transportieren. Gabelstapler fahren die Waren aber immer nur kurze Strecken, zum Beispiel pendeln sie zwischen Lagerhalle und Lkw. Manche Gabelstapler heben Kisten in Regale, die mehrere Meter hoch sind.

Ein Traktor kann wie ein Gabelstapler Heuballen transportieren.

Paletten, Heuballen und Kisten

Gabelstapler werden auf dem Bauernhof, auf dem Großmarkt, im Lager eines Betriebes oder im Hafen eingesetzt. Sie bringen zum Beispiel schwere Kisten von einem Lkw in ein Lager, Heuballen vom Anhänger in den Stall oder Obstkisten aus dem Lager auf einen Lieferwagen.

Die Gabel

Das entscheidende Teil des Gabelstaplers ist seine Hubeinheit. Hier findest du auch den Gabelträger. Wie sein Name schon sagt, trägt er zwei lange Zinken, das ist die Gabel. Diese Gabel kann nach oben und unten bewegt werden, und manchmal sogar auch nach links oder rechts.

Linde
Linde
EE-1063/07
12PCS COOKWARE SET
MDL NO. BH-1288

Der Milch-Lkw

Wie kommt eigentlich die Milch in unsere Kühlschränke? Du weißt ja bestimmt, dass Kühe die Milch geben. Nach dem Melken wird sie in Milchkannen gefüllt. Ein Milch-Lkw holt die Kannen ab und bringt sie dann zu einer Molkerei. Dort wird die Milch in Milchtüten verpackt oder zu Joghurt verarbeitet.

480

Tankinhalt: bis 18 000 l Milch

Besondere Ausstattung: Kühlung

Besondere Anforderung: absolute Sauberkeit im Tank

Besonderheiten: Beladung durch Deckel oben, Entladung durch Auslaufhähne an der Seite

Von der Kanne in den Tank

Nach dem Melken füllen die Bauern die frische Milch in große Kannen. Diese Milchkannen werden an vielen Orten, vor allem auf dem Land, an den Straßenrand gestellt. So kann der Milch-Lkw sie gut erreichen. Es gibt Lkws, die die schweren Kannen auf ihrer Ladefläche sammeln. Andere Milch-Lkws haben einen großen Tank. Mit einer Vorrichtung wird die Milch aus den Kannen direkt in diesen Tank gepumpt.

Ein Tankwagen pumpt die Milch in den Tank und bringt sie zur Molkerei.

Ganz schön sauber

In Tankwagen werden immer lose, also nicht in Kanistern abgefüllte Flüssigkeiten transportiert. Innen im Tank muss alles sehr sauber sein, denn Milch darf nicht verschmutzt werden, sonst müsste man sie wegschütten. Und mit Apfelsaft vermischen darf man sie natürlich auch nicht. Ein Milch-Lkw transportiert deshalb immer nur Milch.

Immer im Einsatz

Lkws dürfen bei uns zum Beispiel nicht an Sonntagen fahren. Wenn aber frische und verderbliche Lebensmittel befördert werden, gibt es eine Ausnahme. Da Milch verderblich ist, darf der Milch-Lkw an jedem Tag fahren und die frische Milch transportieren. Die Kühe kennen ja auch keine Sonntage, sie geben jeden Tag ihre Milch!

campina
es liegt in unserer Natur
campina

Schau genau!

1 Was ist das?

2 Welches Fahrzeug hat solche Ketten?

3 Erkennst du dieses Fahrzeug?

4 Wo findest du diese Bildausschnitte wieder?

a)

b)

c)

Auf der Baustelle

Wenn Straßen, Häuser, Tunnel und Brücken gebaut werden, müssen verschiedene Baumaterialien wie Beton, Sand und Steine zur Baustelle herbeigeschafft und auch wieder weggetragen werden. Dafür sind besondere Baufahrzeuge notwendig. Nur mit ihnen können die schweren Lasten bewegt werden.

Der Bagger

Hast du schon einmal gesehen, wie ein Haus gebaut wird? Für den Keller muss ein tiefes Loch in die Erde gegraben werden. Mit Hand und Schaufel würde das sehr lange dauern. Ein Bagger kann mit seiner großen Baggerschaufel sehr viel Erde auf einmal aus der Baugrube lösen und ausheben.

325 D

Einsatzgewicht: ca. 30 t

Motorleistung: 207 PS

Grabtiefe: max. 7,1 m

Kettenlänge: ca. 4 m

Besonderheiten: Bagger haben fast immer nur einen Fahrersitz.

Rad oder Kette

Viele Bagger rollen auf vier großen und breiten Rädern über die Baustelle. Es gibt aber noch andere Bagger. Sie fahren auf Ketten vorwärts und heißen Kettenbagger. Auch auf matschigem Boden kommen sie noch sehr gut voran, weil sich ihr Gewicht durch die Ketten gut verteilt.

Der Baggerlader

Auf vielen Baustellen werden auch Baggerlader eingesetzt. Sie haben vorne eine große Ladeschaufel. Hinten haben sie zusätzlich einen langen Baggerarm. Daran können Geräte wie Greifarme oder spitze Abbruchmeißel angebracht werden. Baggerlader können also für ganz verschiedene Arbeiten eingesetzt werden.

Der Baggerlader kann schaufeln, greifen und meißeln.

Schaufelradbagger

Die großen Schaufelradbagger findet man auf Großbaustellen. Sie werden auch zum Abbau von Rohstoffen wie zum Beispiel Kohle genutzt. Besonders große Schaufelradbagger sind mehrere Hundert Meter lang!

CAT
CAT
325D

Die Planierraupe

Bauarbeiter brauchen eine Planierraupe, wenn sie viel Erde von einem Platz zu einem anderen schieben müssen. Das erledigen die Planierraupen mit ihrem vorne angebrachten großen Schild.

D6N

Motorleistung: bis 152 PS

Gesamtlänge: 3,74 m

Einsatzgewicht: bis 17 t

Schildausmaß: bis 4,28 m³

Größe des Tanks: bis 300 l

Besonderheiten: Eine Planierraupe ist bis zu bis 11 km/h schnell.

Auf der Baustelle

Eine Planierraupe wird auch Bulldozer genannt. Sie löst oder transportiert Erde oder drückt sie zusammen. Bulldozer sind Kettenfahrzeuge und heißen deshalb auch Kettendozer. Sie haben keine Reifen, sondern Ketten. Damit können sie sich gut auf rutschigem Boden bewegen.

Ein Kettendozer bei der Arbeit

Das Stahlschild

Planierraupen besitzen an der Vorderseite einen großen Stahlschild. Damit kann Erde oder Kies weggeschoben werden. An der Hinterseite von Planierraupen können auch verschiedene Zusatzgeräte angebracht werden. Eines dieser Geräte gräbt zum Beispiel den Boden hinter der Planierraupe auf.

Auf der Skipiste

Kennst du noch andere Raupenfahrzeuge? Nicht nur auf Baustellen, sondern zum Beispiel auf Skipisten arbeiten Planierraupen. Sie heißen dann aber Pistenraupen. Sie machen den Schnee glatt, damit die Skifahrer besser darauf fahren können. Mit ihren breiten Ketten kommen sie auch steile Berge hoch.

CAT

Der Betonmischer

Zum Bauen von Häusern braucht man eine zähflüssige Masse, den Beton. Steht er lange an der Luft, wird er fest. Beton wird in Lkws mit einer drehbaren Trommel zur Baustelle gefahren. Das sind Betonmischer.

HTM 904

Füllung: rund 10 m^3

Aufbaugewicht: rund 5 t

Achsen: 3 oder 4

Besonderheiten: Mit Betonpumpen, das sind lange Rüssel, kann Beton vom Mischer bis in höhere Etagen von Häusern gebracht werden.

Ein Betonmischer wird mit flüssigem Beton befüllt.

Betonwerke

Beton ist ein wichtiger Baustoff. Er besteht aus einer Mischung von Zement, Wasser, Sand und Kies. Zement ist feingemahlener Stein. Das Rezept für Beton kennen die Arbeiter im Betonwerk ganz genau. Die einzelnen Stoffe werden dann in den Betonmischer gefüllt. Er fährt immer zwischen dem Betonwerk und der Baustelle hin und her.

Der richtige Dreh

Die Tonne auf dem Betonmischer dreht sich nur langsam. In der Tonne gibt es noch zwei riesige Spiralen, die den Beton durchmischen. Dadurch bleibt er auch schön zähflüssig und wird nicht fest. Denn nur flüssiger Beton lässt sich so verarbeiten und formen, wie er für den Bau gebraucht wird.

Ausschütten und aushärten

Wenn der Betonmischer an der Baustelle angekommen ist, fährt er rückwärts an die Stelle heran, wo der Beton gebraucht wird. Hier fließt der weiche Beton über den Auslauftrichter des Mischers nach außen. Dann kann der Beton aushärten und eine bestimmte Form annehmen.

Der Kran

Eine kleine Steinplatte für den Gehweg kann ein Erwachsener mit den Händen anheben und tragen. Hundert Platten auf einmal schafft nur ein starker und wendiger Kran. So kann man auch einen Lastwagen mit Steinplatten be- und entladen.

LG 1550

Tragfähigkeit: 550 t

Leistung: 598 PS

Hubhöhe: 180 m

Reichweite: 124 m

Höchstgeschwindigkeit: 67,5 km/h

Besonderheiten: 8 Achsen

Raupenkräne

Manchmal müssen schwere Lasten zu einem weitabgelegenen Ort auf einer Baustelle gebracht werden. Dann müssen sie zugleich gehoben und gefahren werden. Das erledigen Raupenkräne. Sie haben keine Räder, sondern Ketten. Damit können sie sich gut auf dem rutschigen Untergrund bewegen.

Manche Lkws haben ihren eigenen Kran immer dabei.

Das Be- und Entladen

Hauptsächlich setzt man einen Kran zum Verladen und zum Versetzen von schweren Gütern ein. Das ist wichtig auf Baustellen. So bringen Lastwagen zum Beispiel Stahlträger heran. Jetzt kommt der Kran dran: Er hebt sie an und bewegt sie an einen bestimmten Punkt. Die Lasten hängen dabei an einem großen Haken.

Welche Kräne gibt es noch?

Manche Kräne können ihren langen Arm ausfahren. Das geht ganz schnell. Diese Kräne heißen Teleskopkräne. Sie befinden sich auf einem Fahrzeug. Gittermastkräne hast du bestimmt auch schon einmal gesehen. Sie haben gitterartige Masten, die nach oben geklappt werden können. Manche Gittermastkräne stehen auf Fahrzeugen, andere sind fest im Boden verankert.

WIESBAUER
STUTTGART
NECKARSULM

Der Straßen-fertiger

Vielleicht bist du auf der Autobahn schon einmal an einer großen Baustelle vorbeigekommen. Hier kannst du manchmal eine riesige Maschine sehen: den Deckenfertiger. Mit ihm werden Straßen gebaut oder repariert.

AP655D

Leistung: 164 PS

Gewicht: ca. 19 165 kg

Straßenbreite: bis 5 m

Schnelligkeit: bis 30 m/min

Belagsdicke: bis 40 cm

Besonderheiten: Große Straßenfertiger können bis zu 1500 t Baumaterial pro Stunde verbauen.

Der Bau einer Straße

Eine Straße besteht aus mehreren Schichten. Sie sind insgesamt fast einen halben Meter dick. Unten liegt meistens eine Schicht aus Schotter, das sind kleine Kiesel. Ganz oben verwendet man zum Beispiel Asphalt. Das ist eine Mischung aus einem klebrigen Material und kleinen Steinen. Heißer Asphalt ist weich. So kann er gut auf der Straße verteilt werden. Nach einigen Stunden wird er hart.

Jede Menge Nachschub

All dies macht der Deckenfertiger. Dazu braucht er jede Menge Nachschub an Baumaterialien wie Schotter, Asphalt oder Beton. Den bringen Lkws ständig heran, viele Ladungen pro Stunde. Das Material wird dann direkt vom Lkw in einen Behälter auf dem Deckenfertiger geschüttet.

Ist die Straße nur wenig beschädigt, verteilen Bauarbeiter den Asphalt.

Breit wie die Fahrbahn

Der Deckenfertiger verteilt dann gleichmäßig dieses Material über die ganze Straßenbreite. Deckenfertiger können aber noch mehr: Sie glätten die Oberfläche der Straße. Sie bauen Straßen, die bis zu sechzehn Meter breit sind. Geh doch einmal vierzig Schritte nach vorne, dann siehst du ungefähr, wie breit das ist.

AP655D
CAT
CAT

Die Straßenwalze

Alle Fahrzeuge kommen auf festem Boden besser voran als auf lockerer Erde. Deshalb müssen Straßen fest und glatt sein. Dazu wird ihr neuer Belag von einer Straßenwalze wie ein Nudelteig gewalzt.

CS563E

Leistung: 146 PS

Gewicht: 12,1 t

Geschwindigkeit: bis 11 km/h

Walzenbreite: bis 2 m

Besonderheiten: In einer Stunde kann eine Walze die Fläche von zwei Fußballfeldern bearbeiten.

Das Verdichten

Asphalt wird heiß und flüssig als oberste Schicht eines Straßenbelags aufgetragen. Er muss fest zusammengedrückt werden, damit ihm die darüberrollenden Fahrzeuge, aber auch Hitze und Kälte nichts ausmachen. Das nennt man Verdichtung. Die tonnenschwere Straßenwalze übernimmt diese Aufgabe.

Eine Vibrationswalze bei der Arbeit.

Die Walze

Die Walze hat vorne keine Räder, sondern eine breite Walze. Sie kann sechs Tonnen und mehr wiegen, das ist so viel wie ein bis zwei Elefanten! Walzen haben eine glatte Oberfläche und arbeiten wie ein Nudelholz. Sie können sowohl vorwärts als auch rückwärts fahren.

Noch fester

Straßenwalzen haben Tanks dabei, die mit Wasser gefüllt werden können. Mit diesem Wasser kann der Asphalt noch viel besser zusammengedrückt werden. Manche Walzen können auch rütteln. Sie heißen Vibrationswalzen. Durch diese Rüttelbewegung wird der Asphalt noch fester. Stampfe doch einmal oft hintereinander auf lockere Erde. Sie wird immer mehr zusammengedrückt! Genauso macht es die Straßenwalze.

CS563E

Der Kipplaster

Werden auf einer Baustelle Kies oder Sand gebraucht, kommt der Kipplaster. Die Ladefläche kann schräg gestellt werden. Dann rutscht die Ladung hinunter. Manchmal müssen Kipplaster auch Erde oder Sand von der Baustelle wegbringen. Dann beladen Bagger die Ladeflächen.

TGS 35 440

Motorleistung: bis 480 PS

Gesamtgewicht: bis 41 t

Kippmotor: 10 m/s

Besonderheiten: Viele Kipplaster können die Ladung auch über die Seitenwände ausleeren.

Ideal für loses Gut

Viele Baustoffe werden in Kisten oder Säcken verpackt. Auf Baustellen wird das nicht gemacht. Hier bleiben Sand, Kies und Erde unverpackt. Deshalb können sie nur auf der großen Ladefläche eines Kipplasters transportiert werden.

Die Kippbrücke

Kipplaster haben eine offene Ladefläche mit Wänden an allen Seiten. Die hintere Wand aber ist eine Klappe. Wie eine Schubkarre kann die Ladefläche gekippt werden. Beim Kipplaster sorgt ein Motor dafür, dass die Ladefläche nach oben kippt. Dann geht die Klappe auf und die ganze Ladung kann von der Kippbrücke rutschen. Hast du schon einmal dabei zugesehen?

Ein Kipplaster lädt auf einer Baustelle Kies ab.

Landwirtschaft

Aber nicht nur auf Baustellen gibt es Kipplaster. Auch auf dem Land siehst du Traktoranhänger mit Kippbrücke, die wie Kipplaster arbeiten. Die Bauern setzen sie zum Beispiel in der Erntezeit ein. Dann werden Getreidekörner in den Kippanhänger gefüllt und in ein Vorratslager geschüttet.

CAT
MAN
TGS 35.440
M·DG2456

Schau genau!

① Wo fuhr dieses Fahrzeug?

② Welches Auto hat solche Reifen?

③ Welches Fahrzeug hat diese Ladung?

④ Wo findest du diese Bildausschnitte wieder?

a)

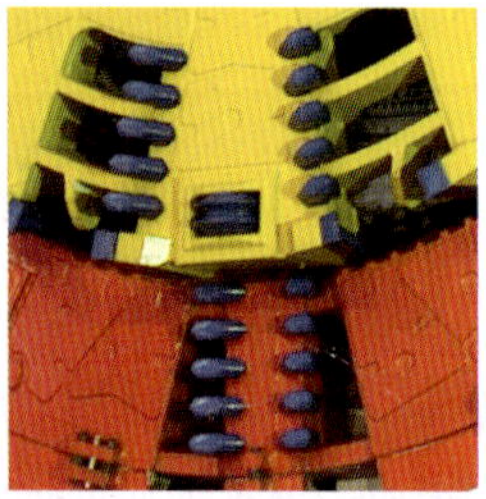

b)

c)

Tolle Rekorde!

Neben den bekannten Fahrzeugen wie Autos und Fahrrädern gibt es noch besondere Fahrzeuge, die du nicht so oft siehst. Rennwagen zum Beispiel, sie fahren extrem schnell. Andere Fahrzeuge tragen riesige Lasten wie Häuser. Und sogar auf dem Mond und dem Mars sind schon Autos gefahren.

Der Formel-1-Wagen

Wer ist der Schnellste? Besonders spannend sind die Autorennen der Formel 1. Sie wird auch Königsklasse genannt, weil die Autos hier besonders schnell und die Fahrer besonders gut sind.

Formel-1-Wagen

Motorleistung:
über 800 PS

Beschleunigung: von 0 auf 100 km/h in rund 2,5 Sek.

Höchstgeschwindigkeit:
über 350 km/h

Besonderheiten:
Vollbremsung von 300 auf 0 km/h in nur 4,2 Sekunden.

Extrem schnell

Formel-1-Rennwagen sind extrem schnell und dürfen nicht auf normalen Straßen fahren. Sie beschleunigen in nur 2,5 Sekunden von Null auf 100 Stundenkilometer. Auch in Kurven können sie viel schneller fahren als normale Autos: manchmal fast 300 Stundenkilometer. Weil sie breit und flach sind und hinten einen Heckflügel haben, werden sie vom Fahrtwind auf die Straße gedrückt. Ein normales Auto würde bei diesem Tempo aus der Kurve fliegen!

Beim Reifenwechsel darf nichts schiefgehen!

Motor und Reifen

Um so schnell zu sein, ist natürlich ein starker Motor wichtig. Die Motoren der Formel-1-Wagen haben eine Leistung von mehr als 800 PS.
Aber es werden auch besondere Reifen gebraucht („Slicks"). Sie sind sehr weich. Deshalb haftet der Rennwagen gut auf der Straße. Mit normalen Reifen würde der Formel-1-Wagen bei höherer Geschwindigkeit sofort wegrutschen.

Der Boxenstopp

Jeder Rennwagen muss in einem Rennen Reifen wechseln und tanken. Das nennt man Boxenstopp. Auch hier muss alles ganz schnell gehen, um nicht vom Gegner überholt zu werden. In der Formel 1 dauern Boxenstopps zum Reifenwechseln und Nachtanken durchschnittlich nur rund sieben Sekunden!

5
DIESEL

Der Doppelgelenkbus

Ein Bus ist praktisch, weil so viele Menschen auf einmal darin fahren können. Aber manchmal wollen damit besonders viele mitfahren, zum Beispiel am Morgen. Dann müssen längere Busse eingesetzt werden.

lighTram3

Motorleistung: 360 PS

Fahrzeuglänge: bis 25 m

Fahrgäste: bis 200

Besonderheiten: Damit kein Fahrgast eingeklemmt wird, sind bei einigen Bussen die Türen mit einer Lichtschranke gesichert.

Die fahrende Ziehharmonika

Ein Gelenkbus besteht aus zwei Wagenteilen. Die sind aber nicht fest miteinander verschraubt, sondern über ein biegsames Gelenk verbunden. Mit einem Faltenbalg ist das Gelenk bei Regenwetter vor der Nässe geschützt. Weil das so aussieht wie eine Ziehharmonika, nennt man so einen Bus auch Ziehharmonikabus.

Noch länger

Durch das Gelenk lässt sich der Bus trotz seiner Länge von 18 Metern gut durch die Straßen steuern. Manche Busse sind besonders lang. Diese Verlängerung ist mit einem zweiten Gelenk mit dem Bus verbunden. Sonst käme der Bus ja nicht um enge Kurven herum. Doppelgelenkbusse sind ungefähr 25 Meter lang.

Doppelgelenkbusse gibt es nur in größeren Städten.

Ganz viel Platz

Diese langen Busse fahren zum Beispiel in Hamburg auf viel befahrenen Strecken. Stell dir vor: Ein Doppelgelenkbus kann bis zu 225 Fahrgäste bei einer Fahrt mitnehmen. Das entspricht mehr als 20 Fußballmannschaften gleichzeitig!

HESS/KIEPE Weltneuheit
RGTR
HESS
lighTram
...mehrBus ... mehrUmwelt
vossloh
SO 123 131

Die Tunnelvortriebs-maschine

Eine Straße zu bauen, ist nicht immer einfach. Wenn sie dann noch durch einen Berg oder unter einem Fluss verlaufen soll, wird es besonders schwierig. Dann muss ein Tunnel gebohrt werden.

Riesiger Bohrkopf

Ein Tunnel ist wie ein riesiges Bohrloch, und die Bohrmaschine ist die Tunnelvortriebsmaschine. Sie wird vorne am Tunneleingang angebracht und schabt dann Gestein oder Erdreich ab. Ihre Förderbänder transportieren das Gestein nach hinten zur Öffnung. Die riesige Bohrmaschine bohrt sich so bis zum anderen Ende des Tunnels durch.

Tunnelbohrmaschine

Durchmesser des Schneidrades: bis zu 14,2 m

Gewicht des Schneidrades: 380 t

Bohrgeschwindigkeit: 6 m pro Tag

Besonderheiten: Das Schneidrad einer Maschine (TRUDE) kann man in einem Museum in Hamburg bestaunen.

Die Tunnelröhre ist so rund wie der Bohrkopf der Tunnelvortriebsmaschine.

Beispiel Elbtunnel

Eine berühmte Tunnelbohrmaschine hieß TRUDE. Das steht für „Tief Runter Unter Die Elbe". Sie war mit einem Außendurchmesser von 14,20 Metern die größte Tunnelbohrmaschine der Welt. Sie bohrte zwischen 1997 und 2000 tief unter dem Fluss Elbe einen 2560 Meter langen Tunnel für die Autobahn.

Ganz langsam

Eine Tunnelbohrmaschine wiegt über 2000 Tonnen. Sie kämpft sich nur sehr langsam durch den Berg. Die gebohrte und gewonnene Strecke nennt man Vortrieb. Jetzt weißt du, wie die Tunnelvortriebsmaschine zu ihrem Namen gekommen ist! Diese Strecke wird nicht in Kilometern pro Stunde angegeben, sondern in Metern pro Tag – eben deshalb, weil es so langsam vorangeht.

nexso
ferrovial

Der Riesenmuldenkipper

Kipplaster transportieren Erde oder Schutt. Bei Großbaustellen oder im Kohlentagebau fallen aber viel, viel größere Mengen an Erdreich, Schutt oder Kohle an. Das ist die Welt der Riesenmuldenkipper.

777F

Nutzlast: 360 t

Maximales Einsatzgewicht: 592 t

Höchstgeschwindigkeit: 64 km/h

Besonderheiten: Der stärkste Kipper besitzt einen Antrieb mit 3 650 PS.

In Steinbruch und Kiesgrube

Diese geländegängigen, zweispurigen Riesen-Lkws dürfen nicht im normalen Straßenverkehr fahren, weil sie zu breit und zu schwer sind. Sie arbeiten nur auf Baustellen und im Tagebau. Riesenmuldenkipper können große Mengen an Erde, Schutt oder Kohle laden. Dieses Abraummaterial entsteht zum Beispiel in Steinbrüchen, Kiesgruben oder beim Abbau von Kohle.

Bis zu 600 Tonnen

Riesenmuldenkipper können unglaublich große Mengen transportieren. Obwohl sie so schwer sind, bleiben sie trotzdem nicht im Matsch stecken. Dafür sorgen ihre starken Motoren und ihre riesigen Räder mit dem groben Profil.

Neben den gigantischen Rädern wirkt jeder Mensch wie ein Zwerg.

Der Rekord

Der stärkste in Serie gebaute Muldenkipper ist 14,5 Meter lang, 6,9 Meter hoch und 8,5 Meter breit. Sein Einsatzgewicht beträgt maximal 592 Tonnen. Dabei kann er bis zu 360 Tonnen Nutzlast wie Steine oder Geröll transportieren. So viel passt in dreizehn „normale“ Kipplaster!

CATERPILLAR
CATERPILLAR
777F
CAT

Der Schwerlast-transporter

Er trägt Lasten, die größer, länger oder schwerer sind und deshalb nicht in einen normalen Lastwagen hineinpassen. Das sind zum Beispiel riesige Flügel von Windkraftanlagen, Schiffe oder ganze Häuser!

TGA 26.480

Länge: bis 23,60 m

Breite: bis 3 m

Höhe: 4 m

Leistung: bis zu 480 PS

Besonderheiten:
Das Gewicht darf nicht mehr als 41,8 t betragen.

Groß, lang oder schwer

Werden zum Beispiel riesige, leere Tanks transportiert, spricht man von einem Großraum- oder Langtransport: Die Ladung ist riesig, wiegt aber nicht sehr viel. Bei Schwertransporten aber ist die Ladung oft nicht sehr groß, dafür aber sehr schwer. Das können zum Beispiel Betonträger sein. Manche Transporte sind aber riesig und schwer zugleich!

Aufwendiger Transport

Spezielle Schwertransporter brauchen oft eine Breite von zwei Fahrspuren und kommen nur sehr langsam voran, deshalb dürfen sie nicht im normalen Straßenverkehr fahren. Die Straßen werden gesperrt und Begleitfahrzeuge sichern die Strecke ab. Manchmal müssen auch Hindernisse aus dem Weg geräumt werden. So kommt es nicht selten vor, dass man Flüsse für kurze Zeit zuschüttet oder Verkehrsschilder abbaut, damit der Schwertransporter durchfahren kann.

Eine Kirche auf großer Fahrt.

Rollende Kirche

Manchmal werden ganze Gebäude mit dem Schwertransporter befördert. So wurde im Jahr 2007 eine 750 Jahre alte Kirche in einen zwölf Kilometer entfernten Nachbarort gebracht. Transporter und Kirche wogen zusammen ungefähr 660 Tonnen! Die langsame Fahrt dauerte insgesamt neun Tage, dann war die Kirche am Ziel.

Alt-NeuöttingerKieswerke
MAN
AÖ UZ 16

Das Mondauto

Fahrzeugrekorde gibt es nicht nur auf der Erde. Technikern ist es sogar gelungen, ein Mondauto zu bauen. Damit konnten die Astronauten bei drei Mondlandungen den Mond erkunden, und zwar 384 400 Kilometer entfernt von unserer Erde!

LRV

Länge: 3,1 m

Gewicht: 210 kg

Höchstgeschwindigkeit: 13 km/h

Besonderheiten: Ein Mondauto hätte auf einmal eine Strecke von 92 km fahren können, so weit sind sie auf dem Mond aber nie gefahren.

Nur drei Exemplare

Das Mondauto wurde in Amerika für den Einsatz auf dem Mond gebaut. Die Astronauten der letzten drei Apollo-Missionen (Apollo 15, 16 und 17) hatten sie 1971 und 1972 mit auf den Mond gebracht. Mit diesen Fahrzeugen konnten sie den Mond erkunden. Jedes Mondauto kam insgesamt ungefähr dreißig Kilometer weit. Alle Mondautos sind bis heute auf dem Mond geblieben.

Dieses Fahrzeug fährt sogar auf dem Mars – ferngesteuert.

Steuern mit dem Joystick

Das Mondauto war faltbar, deshalb ließ es sich mit der Mondlandefähre transportieren. Es dauerte ungefähr zwanzig Minuten, dann war das Mondauto zusammengebaut. Angetrieben wurde es von je einem Elektromotor pro Rad. Für die Stromversorgung waren zwei Batterien zuständig.

Lenkung der Mondautos

Wie bei einem normalen Auto saß der Fahrer auf dem Fahrersitz. Er lenkte das Fahrzeug aber nicht mit einem Lenkrad, sondern mit einem Joystick. Joysticks sind Steuerknüppel. Sie sehen aus wie ein Hebel und sind in alle Richtungen beweglich.

Schau genau und vergleiche!

Hier findest du einige Fahrzeuge, die du im Buch schon kennengelernt hast. Oben erkennst du, wie groß sie im Vergleich zueinander sind. Unten siehst du, wie schwer die Fahrzeuge sind. Viel Spaß beim Entdecken und Vergleichen!

Fahrrad Auto Traktor Bus

Ein Fahrrad wiegt so viel wie etwa fünf leere Schulranzen.

Wusstest du, dass ein Kleinwagen gleich schwer ist wie dreizehn Erwachsene?

Riesenmuldenkipper

Ein Traktor ist so schwer wie ein Elefant.

Ein Lastwagen wiegt so viel wie vier Wale. Ein Riesenmuldenkipper ist aber noch viel schwerer: Er wiegt so viel wie sechzig Elefanten!

Register

Anmerkung: Aus Gründen der Anschaulichkeit verwenden wir in diesem Buch die Bezeichnung Pferdestärke (PS) als Einheit der Leistung. Im Messwesen wird hierfür die Einheit Watt bzw. Kilowatt verwendet (1 PS ≈ 0,735 KW).

Lösungen „Schau genau!“

Seite 4 – „Auf der Straße“

1. a) zum Auto (S. 8/9)
   b) zum Lkw (S. 14/15)
   c) zum Müllwagen (S. 16/17)
2. der Bus (S. 12/13)
3. a) auf einem Rennrad (S. 6/7)
   b) auf einem Motorrad (S. 10/11)

Seite 18 – „Rettung“

1. a) beim Polizeifahrzeug (S. 20/21)
   b) beim Einsatzleitwagen (S. 26/27)
   c) beim Rettungswagen (S. 28/29)
2. das Feuerwehrfahrzeug (S. 22/23)
3. eine Drehleiter (S. 24/25)
4. Zum Notarzteinsatzfahrzeug (S. 30/31)

Seite 32 – „Auf dem Land“

1. der Mähdrescher (S. 36/37)
2. das Greifarmfahrzeug (S. 40/41)
3. beim Gabelstapler (S. 42/43)
4. der Traktor (S. 34/35)
5. die Milch (S. 44/45)

Seite 46 – „Auf der Baustelle“

1. Ein Betonmischer (S. 52/53)
2. Der Straßenfertiger (S. 56/57)
3. Der Bagger (S. 48/49)
4. a) Bei der Straßenwalze (S. 58/59)
   b) Beim Kipplaster (S. 60/61)
   c) Bei der Planierraupe (S. 50/51)

Seite 65 – „Tolle Rekorde!“

1. auf dem Mond (S. 74/75)
2. der Formel-1-Wagen (S. 64/65)
3. der Riesenmuldenkipper (S. 70/71)
4. a) bei der Tunnelvortriebsmaschine (S. 68/69)
   b) beim Schwertransporter (S. 72/73)
   c) beim Doppelgelenkbus (S. 66/67)

Bildquellenverzeichnis

Bibliographisches Institut & F. A. Brockhaus, Mannheim 37
Campina GmbH, Heilbronn 44, 45
© CORBIS/Royalty-Free 11, 65
John Deere, Bruchsal 34, 35, 36, 41, 42
Herrenknecht, Tunnelvortriebstechnik, Schwanau 69
Björn Heumann, Wehrheim www.heumann-fotodesign.de 27, 29, 31
Kessler-Medien, Saarbrücken 12
Kohte & Klewes, Q A Photos, Düsseldorf 68
Liebherr-Werk GmbH, Ehingen 55
MAN Nutzfahrzeuge AG, München 12, 13, 14, 15, 17, 23, 54, 60, 61, 73
MEV Verlag, Augsburg 5, 7, 10, 25, 38
NASA/JPL/RPIF/DLR 74
picture-alliance/ASA, Frankfurt am Main 64
picture-alliance/chromorange, Frankfurt am Main 19, 28, 30
picture-alliance/dpa, Frankfurt am Main 9, 16, 20, 21, 22, 24, 26, 33, 43, 47, 52, 56, 66, 67, 70, 72, 75
picture-alliance/IMAGNO/Austrian Archives, Frankfurt am Main 8
picture-alliance/Newscom, Frankfurt am Main 63
picture-alliance/Bildarchiv Okapia, Frankfurt am Main 39, 53
Timberjack Group, Tampere, Finnland 40
VSF-Fahrradmanufaktur, Bremen 6
Zeppelin Baumaschinen GmbH, Garching bei München 48, 49, 50, 51, 57, 58 ,59 ,71

Wissen Schritt für Schritt:

1. Entdecken – 2. Verstehen – 3. Ausprobieren

1. Entdecken:
Doppelseitige Panoramabilder zum Kapitelauftakt geben einen ersten Überblick über den Themenbereich.

2. Verstehen:
Zahlreiche Abbildungen, Klappen und Stanzungen sowie leicht verständliche Texte lenken den Blick auf Details.

3. Ausprobieren:
Spielerische Aufgaben und Rätsel am Ende eines Kapitels helfen, das neu erworbene Wissen zu vertiefen.

Der Kinder Brockhaus
Mein erstes Wissen

Hier finden Kinder ab 5 Jahren spannendes Wissen zu all ihren Lieblingsthemen: von der Baustelle über Pferde und Ponys bis hin zu Rittern oder Dinosauriern.

Je Band
- 26 bzw. 32 Seiten.
- Ca. 30 Klappen und Stanzungen.
- Pappband.
- Format: 21,5 × 24,5 cm.

Auf dem Bauernhof
ISBN 978-3-7653-1772-9

Achtung, Baustelle!
ISBN 978-3-7653-1775-0

Unterwegs mit der Eisenbahn
ISBN 978-3-7653-1785-9

Jetzt kommt die Feuerwehr!
ISBN 978-3-7653-1778-1

Auf dem Flughafen
ISBN 978-3-7653-1788-0

Den Indianern auf der Spur
ISBN 978-3-7653-1783-5

Kennst du deinen Körper?
ISBN 978-3-7653-1773-6

Pferde und Ponys
ISBN 978-3-7653-1782-8

Bei der Polizei
ISBN 978-3-7653-1787-3

Leben auf der Ritterburg
ISBN 978-3-7653-1776-7

Vorsicht, Saurier!
ISBN 978-3-7653-1784-2

Was ist los auf unserer Straße?
ISBN 978-3-7653-1774-3

Alles über die Uhr und die Zeit
ISBN 978-3-7653-1786-6

Was lebt und wächst im Wald?
ISBN 978-3-7653-1780-4

Was weißt du übers Wasser?
ISBN 978-3-7653-1779-8

Tierkinder im Zoo
ISBN 978-3-7653-1777-4